Autres livres de la collection " Passions"
Passion de la musique
Passion de la danse
Passion de la peinture

Ce livre est dédié à ma mère, Marion Garretty, qui m'a appris à aimer les livres et à Frederick Fitzwalter, son père, qui lui a appris qu'avec des livres on n'est jamais seul.

Un livre de Helen EXLEY
Adapté de l'anglais par Bernadette THOMAS
Mise en page : 24 heures de pointe

ISBN : 2-87388-048-1
D/7003/1995/17

(c) Editions Exley sa 1995
13, rue de Genval B-1301 Bierges - Tél. 32 2+ 652.18.34

(c) Edition originale Helen Exley 1991
Exley Publications Ltd
16, Chalkhill, Watford, Herts , WD1 4BN, United Kingdom

*P*assion des
*L*IVRES
CITATIONS

UN LIVRE DE HELEN EXLEY

EXLEY
PARIS, LONDRES

Il y a plus de trésors dans les livres que dans les coffres des pirates de l'Ile au Trésor... et, mieux que tout, vous pouvez jouir de ces richesses chaque jour de votre vie.
WALT DISNEY (1901-1966)

Dans une journée ordinaire, il n'y a qu'un seul moment qui me soit plus agréable que celui que je passe le soir dans mon lit un bouquin avant de m'endormir : c'est le temps passé dans mon lit, avec un livre, le matin après mon réveil.
ROSE CHABERT

La seule pensée qu'un bon livre vous attende à la fin d'une longue journée rend ce jour plus heureux.
KATHLEEN NORRIS (1880-1966)

Ils nous soutiennent dans la solitude... Ils nous aident à oublier la vulgarité des gens et des choses, à calmer nos soucis et nos passions, ils endorment nos déceptions.
STÉPHANIE FÉLICITÉ GENLIS (1746-1830)
"Mémoires"

Le plaisir de lire ne craint rien de l'image, même télévisuelle, même sous forme d'avalanches quotidiennes. Si pourtant le plaisir de lire s'est perdu, il n'est pas perdu bien loin. A peine égaré. Facile à retrouver. Encore faut-il savoir par quels chemins le rechercher.

DANIEL PENNAC
"Comme un roman"

Nous entrons dans une civilisation du raccourci, du résumé, du digest, du flash, de la caricature. Nous sommes bombardés d' images virtuelles ou non, de simplifications qui se percutent les unes les autres, se bousculent et s'anihilent, pour finir, comme nos déchets chaque semaine dans les poubelles de l'oubli.

Le roman pour lequel un homme ou une femme a consacré des années - en recherches, élaboration de l'intrigue, construction d'une cohérence plausible, en analyse psychologique de ses personnages - chaque mot étant choisi, chaque phrase pesée par rapport à l'autre, avec des thèmes qui se répètent, un point culminant qui s'annonce… - ce roman est maintenant réduit en un feuilleton en quatre épisodes produit tapageusement, interprété brillamment, parfaitement juste quant aux décors et aux costumes et avec un support musical qui correspond bien à l'époque… Les mots, mais pas l'esprit, les compétences mais pas le sens profond.

Le livre est devenu quelque chose qui est à regarder, et non plus à vivre. Nous devons lutter pour sauver l'écriture, le mot écrit, comme nous luttons pour sauver les baleines ! Nous devons garder précieusement dans notre esprit un sanctuaire où une lampe éclaire une table autour de laquelle nous sommes assis, où les rideaux sont tirés sur l'époque actuelle.

PAMÉLA BROWN, née en 1928.

CODICE, BIBLIOTECA TRIVULZIANA

Dans la vie, il y a les livres, il y a le plaisir,
il y a rien.
HENRI DE MONTHERLANT (1895-1972)

La lecture de tous bons livres est comme une
conversation avec les honnêtes gens des siècles
passés qui en ont été les auteurs, et même une
conversation étudiée, en laquelle ils ne nous
découvrent que les meilleures de leurs pensées.
RENÉ DESCARTES (1596-1650)

La littérature transmet, de génération en génération,
une expérience condensée et incontroversée.
C'est dans ce sens qu'elle devient la mémoire vivante
d'une nation.
ALEXANDRE SOLJÉNITSYNE, né en 1918.

Le seul ennui avec les nouveaux livres,
c'est qu'ils nous empêchent de lire les anciens.
JOSEPH JOUBERT (1754-1824)

Ce livre essentiel, le seul vrai livre, un grand
écrivain n'a pas, dans le sens courant, à l'inventer,
puisqu'il existe déjà en chacun de nous, mais
à le traduire. Le devoir et la tâche d'un écrivain
sont ceux d'un traducteur.
MARCEL PROUST (1887-1922) "Le Temps retrouvé"

Certains livres doivent être goûtés, d'autres avalés,
quelques rares mâchés et digérés; ce qui fait que
certains ne doivent être lus qu'en partie, d'autres
sans curiosité et quelques rares complètement,
avec application et attention.
FRANCIS BACON (1561-1626)

Quand vous relisez un classique, vous n'y trouvez rien
de plus qu'à la première lecture, mais vous voyez plus
de choses en vous qu'il n'y en avait auparavant.
CLIFTON FADIMAN (essayiste américain)

Un livre n'est jamais un chef d'oeuvre : il le devient.
EDMOND ET JULES DE GONCOURT (1822-96 et 1830-70)

"QUATRE-VINGT-QUATORZE DEGRÉS À L'OMBRE"
PAR SIR LAWRENCE ALMA-TADEMA ➤

Un grand écrivain représente, pourrait-on dire,
un deuxième pouvoir politique dans son pays.
C'est pour cela qu'aucun régime n'a jamais aimé
les grands auteurs, mais seulement les petits.
ALEXANDRE SOLJÉNITSYNE, né en 1918

Ce n'est pas sans raison que les écrivains dans notre
pays sont appelés les ingénieurs de l'âme humaine.
NIKITA KHROUTCHEV (1894-1971)

Il est dangereux de lire trop de livres.
MAO TSÉ-TOUNG (1893-1976)

Les livres diffèrent de tous les autres moyens de
propagande, principalement parce qu'un seul livre
peut influencer de manière significative, avec un
impact et une puissance inégalée par n'importe quel
autre média, l'attitude d'un lecteur et sa façon d'agir.
UN MEMBRE DE LA C.I.A.

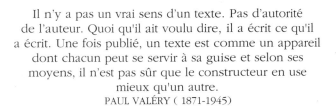

Il n'y a pas un vrai sens d'un texte. Pas d'autorité
de l'auteur. Quoi qu'il ait voulu dire, il a écrit ce qu'il
a écrit. Une fois publié, un texte est comme un appareil
dont chacun peut se servir à sa guise et selon ses
moyens, il n'est pas sûr que le constructeur en use
mieux qu'un autre.
PAUL VALÉRY (1871-1945)

Les livres peuvent être dangereux. Les meilleurs d'entre eux
devraient avoir l'étiquette : "Ceci peut changer votre vie !"
HELEN EXLEY

La véritable Université, de nos jours,
est une collection de livres.
THOMAS CARLYLE (1795-1881)

Les mots ont un pouvoir qui dépassent leur signification. Je me souviens des histoires de mon enfance, je me souviens de ces mots uniques qui prenaient une couleur spéciale dans les contes de fées, la chevillette et la bobinette, la robe couleur du temps, abracadabra, la route qui poudroie pour soeur Anne… Je sens encore l'odeur de la chair fraîche. J'entends encore en tremblant le "Sésame, ouvre-toi", le ricanement de la sorcière, et celui de la méchante reine. Et l'ogre ! Je relirais volontiers ces histoires qui m'ont fait peur pour le simple plaisir de revivre ces sensations. Elles me semblent faire écho à une vie lointaine, au-delà de tout ce que je connais bien…

JACQUES MARTIN, né en 1935

Il y a dans la bibliothèque de chacun quelques livres qui ne nous intéressent plus mais que nous n'arrivons pas à donner. Entre leurs pages, reste un peu de notre jeunesse, comme les fleurs séchées d'un jour d'été à moitié oublié.

MARION GARRETTY, née en 1917

Toutes les grandes lectures sont une date dans l'existence.

ALPHONSE DE LAMARTINE (1790-1869)

Comment serais-je seul ? J'ai pour ami les esprits les plus adorables qui soient descendus sur ce monde; je n'ai qu'à faire mon choix; ils se précipiteront pour me tenir compagnie, qu'il s'agisse d'Apulée ou de Porphyre, de Pétraque ou de John Done, de La Fontaine ou de Lope de Vega, d'Edgar Poe ou de Nerval, de Hölderin ou de Pouchkine.
EDMOND JALOUX

Un homme ne devrait lire que ce que son goût naturel le porte à lire, car ce qu'il lit par devoir, ne lui apportera que peu de bien.
SAMUEL JOHNSON (1709-1784)

Seigneur, accordez-moi cet espoir de revivre
Dans la mélancolique éternité du livre.
GEORGES RODENBACH (1855-1898)
son épitaphe au cimetière du Père Lachaise

Ce qui m'intéresse le plus dans les livres, c'est moins le livre que l'auteur, ses façons de sentir, son drame.
EMILE HENRIOT (1889-1961)

Mon berceau s'adossait à la bibliothèque,
Babel sombre, où roman, science, fabliau,
Tout, la cendre latine et la poussière grecque,
Se mêlaient. J'étais haut comme un in-folio.
Deux voix me parlaient. L'une, insidieuse et ferme,
Disait : "La Terre est un gâteau plein de douceur;
Je puis (et ton plaisir serait alors sans terme !)
Te faire un appétit d'une égale grosseur."
Et l'autre : "Viens ! oh ! viens voyager dans les rêves,
Au-delà du possible, au-delà du connu !"
Et celle-là chantait comme le vent des grèves,
Fantôme vagissant, on ne sait d'où venu,
Qui caresse l'oreille et cependant l'effraie.
Je te répondis : "Oui ! douce voix !" C'est d'alors
Que date ce qu'on peut, hélas ! nommer ma plaie
Et ma fatalité.
CHARLES BAUDELAIRE (1821-1867) "La Voix"

"LE GARÇON AU LIVRE" PAR JEAN-BAPTISTE PERRONNEAU

Mon éducation fut la liberté que j'eus de lire
tout ce qui me tombait sous la main et autant que
je le voulais, tant que mes yeux tenaient le coup.
DYLAN THOMAS (1914-1935)
poète gallois

Je me rappelle très bien ce que je ressentais lorsque
le lisais "les Frères Karamazov" pour la première fois;
je peux toujours goûter les mots, sentir l'air
d'un hiver russe.
BÉNÉDICTE ARNAUD, née en 1943

A l'exemple d'icelui vous convient être saiges, pour
fleurer, sentir et estimer ces beaux livres de haute
graisse, légers au prochaz et hardis à la rencontre.
FRANÇOIS RABELAIS (1490-1553)

Un classique est un livre qui n'a jamais fini
de dire ce qu'il a à dire.
ITALO CALVINO, né en 1923

Des livres tombent dans l'oubli, qui ne méritent
pas de l'être, mais ce n'est pas sans raison
qu'on se souvient de certains.
W.H. AUDEN (1907-1973)

Si jamais vous avez des filles, laissez-les lire.
JEAN DE LA FONTAINE (1621-1695)

Un livre qui n'est pas drôle comme la vie et sinistre
comme la vie, et à la fois achevé et inachevé comme la
vie, et absolument tout comme la vie, est un livre inutile.
JEAN D'ORMESSON, né en 1925

L'éducation a produit un grand nombre de personnes
capables de lire mais incapables de distinguer
ce qui vaut la peine d'être lu.
GEORGES MACAULAY TREVELYAN (1876-1962)

Le rapport lettrés-illettrés est constant,
mais de nos jours les illettrés savent lire.
ALBERTO MORAVIA, né en 1907

L es livres sont la source principale de notre savoir,
notre réservoir de foi, de mémoire, de sagesse,
de moralité, de poésie, de philosophie, d'histoire
et de science.
DANIEL BOORSTIN "Livres dans le futur"

Que de gens lisent et étudient non pour connaître
la vérité, mais pour augmenter leur petit moi !
JULIEN GREEN, né en 1900

Les livres nous charment jusqu'à la moelle, nous
parlent, nous donnent des conseils et sont unis à
nous par une sorte de familiarité vivante et
harmonieuse.
FRANÇOIS PÉTRARQUE (1304-1374)

Les livres sont les supports de la civilisation.
BARBARA TUCHMAN, née en 1912

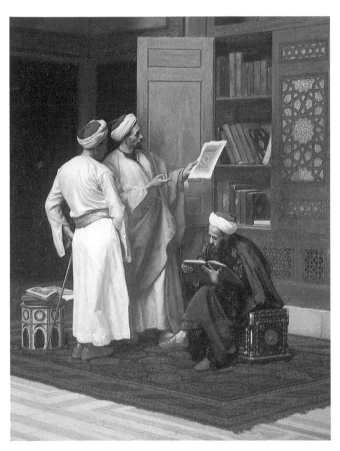

"ETUDIANTS ARABES"

On discute énormément sur le fait de savoir ce qu'est, intrinsèquement, un roman. En fait, chaque roman est une réponse à la très ancienne quête : "s'il te plaît, raconte-moi une histoire".

PAMELA BROWN, née en 1928

Rien de très spécial n'arrive dans ses livres et cependant, quand vous arrivez au bas de la page, vous la tournez… pour voir ce qu'il y a ensuite. Rien de très spécial mais de nouveau… vous tournez la page. Le romancier qui a le pouvoir de réussir cela, possède le don le plus précieux qu'un romancier puisse avoir.

SOMERSET MAUGHAM (1874-1965)
à propos de Jane Austen

A certaines villes comme à certaines femmes comme à certains livres, on doit des joies qui sont, qui seront toujours pour la vie entière des secours et des récompenses.

JEAN-LOUIS VAUDOYER (1883-1963)

Chers Monsieur et Madame Younis,
Je vous remercie d'avoir interdit mon livre "Boss" dans
votre lycée, et j'espère que vos efforts seront couronnés
de succès. Permettez-moi de vous offrir quelques
arguments supplémentaires. C'est un livre
pornographique, ignoblement pervers, écrit en langage
ordurier et plein de scènes trop horribles pour y faire
allusion, capable de faire rougir un corps de garde.
J'espère que ce livre érotique et innommable sera
banni avant que le taux de natalité ne grimpe. A
propos, j'ai un autre livre que je sors ces jours-ci.
Si vous pouvez faire quelque chose pour qu'il soit
aussi interdit, j'apprécierais beaucoup.
MIKE ROYKO

La censure passe toujours à côté de son objet car elle
produit en fin de compte le genre de société qui est
incapable d'exprimer une vraie discrétion.
HENRI COMMAGER (historien)

L'étude a été pour moi le souverain remède contre
les dégoûts de la vie, n'ayant jamais eu de chagrin,
qu'une heure de lecture n'ait dissipé.
CHARLES DE MONTESQUIEU (1689-1755)

"PORTRAIT" PAR WILHEM STEINHAUSEN.

Quand j'ai un peu d'argent, je m'achète des livres et
s'il m'en reste, j'achète de la nourriture et des vêtements.
ERASME (1465-1536)

Messieurs, le fait qu'un livre soit dans une bibliothèque
publique ne me console pas. Les livres sont les seules
choses dont je sois personnellement et aveuglément
avide. S'il n'y avait pas la loi, je les volerais;
si ma bourse me le permettait, je les achèterais.
HAROLD LASKI (1893-1950)

Mes bons hôtes muets qui ne se fâchent jamais;
Ainsi que je les prends, ainsi je les remais;
O douce compagnie et utile et honneste.
PIERRE DE RONSARD (1524-1585)

Aucun divertissement n'est aussi bon marché
que la lecture, ni aucun plaisir aussi durable.
MARY WORTLEY MONTAGU (1689-1762)

Les livres ont les mêmes ennemis que l'homme : le feu,
l'humidité, les bêtes, le temps et leur propre contenu.
PAUL VALÉRY (1871-1945)

Les gens qui aiment les mots écrits ont quelque chose
de spécial, ils sont d'une espèce à part, curieuse,
gentille, cultivée et humaine.
NATHAN PINE (libraire)

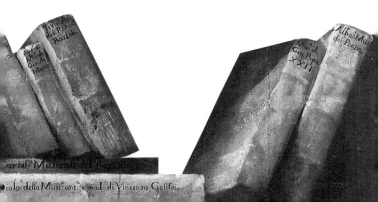

Mais si, sans te laisser charmer,
Ton oeil sait plonger dans les gouffres,
Lis-moi, pour apprendre à m'aimer ;
Ame curieuse qui souffres
Et vas cherchant ton paradis,
Plains-moi !… sinon je te maudis !
CHARLES BAUDELAIRE (1821-1867)

L'essence même du roman est la complexité.
Chaque roman dit au lecteur : "Les choses ne sont pas
si simples que tu le crois !" C'est la vérité éternelle du
roman, mais sa voix faiblit dans un monde basé sur
des réponses rapides et faciles qui viennent avant
même la question ou qui l'évitent.
MILAN KUNDERA

On peut partager tous les livres en deux groupes :
les livres d'un jour et les livres de tous temps.
JOHN RUSKIN (1819-1900)

Nous comptons sur les poètes, sur les philosophes et les écrivains pour exprimer clairement la joie ou la tristesse que la plupart d'entre nous ne font que ressentir. Ils illuminent les pensées dans lesquelles nous tâtonnons. Ils nous donnent la force et le réconfort que nous ne pouvons trouver en nous-mêmes. Chaque fois que je sens mon courage défaillir, je me précipite vers eux. Ils me donnent la sagesse d'accepter, la volonté d'agir et l'énergie pour continuer.

HÉLÈNE HAYES

Cela fait partie de la beauté de toute la littérature : vous découvrez que vos désirs sont des désirs universels, que vous n'êtes pas seul et différent des autres. Vous en êtes.

SCOTT FITZGERALD (1896-1940)

La littérature est mon Utopie. Ici, je ne suis pas privée de mon droit de vote. Aucune barrière de raison ne peut me couper du discours de mes chers et généreux amis les livres. Ils me parlent sans embarras ni gêne.

HELEN KELLER

"LECTURE À LA MERE" PAR VALDEMAR KORNERUP

"UNE BELLE HISTOIRE" PAR B. POTHAST

Pour les enfants, le bonheur d'un livre c'est à peine l'histoire, mais plutôt son toucher, son goût, son odeur, la texture du papier, la dimension et la forme des caractères, les illustrations, la reliure et même le numéro des pages. Mon "Petit Chaperon Rouge" était une édition très bon marché avec une illustration qui se décollait de la couverture rouge. Le papier était épais, certains dessins se superposaient au texte. Je me souviens très bien de ce petit livre, comme si je le tenais maintenant dans les mains. Ma mémoire me rappelle l'air frais de ma chambre à coucher, les lumières de la nuit, les phares des voitures qui se croisaient sur mon plafond, la voix de mon père.

LISE COUDRIER, née en 1928

On ne peint bien que son propre coeur en l'attribuant à un autre et la meilleure partie du génie se compose de souvenirs.

CHATEAUBRIAND (1768-1848)

Un enfant au milieu des livres, c'est Parsifal chez les filles-fleurs; tentantes à sa naïveté; à sa pureté dangereuses.

EMILE HENRIOT (1889-1961)

dignus. feria .iiij. Inuitatorium.
In manu tua domine omnes
fines terre. ant. Auertet. ps. Dix.

Dixit insipiens in corde
suo : non est deus
Corrupti sunt et abhomina
biles facti sunt in iniquitatibus:
non est qui faciat bonum
Deus de celo prospexit super fi
lios hominum : ut uideat si est
intelligens aut requirens deum.
Omnes declinauerunt : si
mul inutiles facti sunt : non
est qui faciat bonum non est
usque ad unum.
Nonne scient omnes qui o
perantur iniquitatem : qui
deuorant plebem meam ut ci
bum panis.
Deum non inuocauerunt :
illic trepidauerunt timore ubi
non erat timor.
Quoniam deus dissipauit
ossa eorum. qui hominibus
placent : confusi sunt quoniam
deus spreuit eos.
Quis dabit ex syon salutare
israel : cum conuerterit domi
nus captiuitatem plebis sue.
exultabit iacob et letabitur
israel. psalmus dauid.
Deus in nomine tuo sal
uum me fac : et in uir
tute tua iudica me.
Deus exaudi orationem me
am : auribus percipe uerba oris
mei.
Quoniam alieni insurrex
erunt aduersum me et fortes
quesierunt animam meam :
et non proposuerunt deum
ante conspectum suum
Ecce enim deus adiuuat
me : et dominus susceptor est
anime mee.
Auerte mala inimicis me
is : in ueritate tua disperde illos.
Voluntarie sacrificabo tibi :
et confitebor nomini tuo domine
quoniam bonum est
Quoniam ex omni tribula

Certains livres, à travers les âges, ont exercé une profonde influence sur l'histoire, la culture, la civilisation, la pensée scientifique… A chaque période, nous reconnaissons l'écrasante évidence de l'écrit sans lequel un haut niveau de civilisation et de culture est inconcevable n'importe où, n'importe quand.

ROBERT DOWNS
"Les livres qui ont changé le monde"

Si quiconque doute de l'importance des livres ou de l'adage qui veut que la plume est plus puissante que l'épée, qu'il considère la *République* de Platon, la *Bible*, le *Coran*, *De l'origine des espèces* de Darwin, le *Capital* de Marx, le *Mein Kampf* d'Hitler, le *Petit livre rouge* de Mao-Tsé Toung : ils ont sûrement autant changé le cours de l'histoire que n'importe quel progrès ou événement qu'ils soient individuels ou d'une nation.

AUTEUR INCONNU

La chair est triste, hélas ! et j'ai lu tous les livres !
STÉPHANE MALLARMÉ (1842-1898)
"Brise Marine"

Le poète est semblable au prince des nuées
Qui hante la tempête et se rit de l'archer,
Exilé sur le sol au milieu des huées,
Ses ailes de géant l'empêchent de marcher.
CHARLES BAUDELAIRE (1821-1867)
"L'Albatros"

C'est une bonne chose de commencer sa vie avec un
petit nombre de très bons livres qui nous
appartiennent personnellement.
SHERLOCK HOLMES

Quand vous faites la lecture à un enfant, quand vous
mettez un livre dans les mains d'un enfant, vous lui
offrez l'infinie variété de la vie, vous êtes un éveilleur.
PAULA FOX

Tous les genres sont bons, hors le genre ennuyeux.
VOLTAIRE (1694-1778)

Le livre le plus sale qui soit est un livre censuré.
WALT WHITMAN (1919-1892)

Il est absurde d'avoir une règle rigoureuse sur ce que
l'on doit lire ou pas. Plus de la moitié de la culture
intellectuelle moderne dépend de ce qu'on ne
devrait pas lire.
OSCAR WILDE (1854-1900)

Plus d'hommes entre les lignes
De ce livre éternel
Que de journées entre les nuits
Plus d'hommes hors de durée
Que de vivants disparus
O livre raison féconde
PAUL ELUARD (1895-1952)

La vraie vie, la vie enfin découverte et éclaircie, la seule
vie par conséquent réellement vécue, c'est la littérature.
MARCEL PROUST (1871-1922)

◄ "EMILE ZOLA" PAR MANET

Dans un sens très concret, les gens qui ont lu de la bonne littérature ont vécu plus que ceux qui ne savent pas lire ou qui n'ont pas lu…Il n'est pas vrai que nous n'ayons qu'une seule vie à vivre ; si nous lisons, nous pouvons vivre autant de vies que nous le souhaitons et toutes de sortes différentes.

S.I. HAYAKAWA

Un roman est une occasion d'essayer une vie autre.

MARION GARRETTY, née en 1917

Notre vie est un livre qui s'écrit tout seul.
Nous sommes des personnages de roman qui ne comprennent pas toujours bien ce que veut l'auteur.

JULIEN GREEN, né 1900

Le livre est une bouteille jetée en pleine mer sur laquelle il faut coller cette étiquette : attrape qui peut.

ALFRED DE VIGNY (1797-1863)

Ce ne sont pas des livres, des morceaux de papier
sans vie, mais des esprits vivants sur des étagères.
Chacun émet sa propre voix… de même façon que
d'une pression sur une touche de votre radio vous
remplissez une pièce de musique, de même en prenant
un de ces volumes et en l'ouvrant vous pouvez faire
resurgir la voix d'une personne qui est loin dans le
temps ou l'espace et l'écouter vous parler d'esprit
à esprit, de coeur à coeur.
GILBERT HIGHET

Les livres sont d'une compagnie délicieuse. Si vous
entrez dans une pièce remplie de livres, sans même
être pris de leurs étagères, ils semblent vous parler,
vous accueillir.
WILLIAM GLADSTONE (1809-1898)

Les livres deviennent aussi familiers et nécessaires que
des vieux amis. Ils s'abîment par suite de nombreuses
manipulations ou par accident mais n'en deviennent que
plus chers. Ils sont une extension de soi.
CHARLOTTE DE L'ESPAILLE

Si vous ne pouvez pas lire tous vos livres tout au moins prenez-les en mains, tels qu'ils sont, caressez-les, scrutez-les, laissez-les s'ouvrir où ils veulent, lisez la première phrase qui vous tombe sous les yeux, remettez les vous-même dans votre bibliothèque, installez-les confortablement et de façon à savoir où ils sont. Faites-en des amis ou au moins des connaissances.

WINSTON CHURCHILL (1874-1965)

La reliure du livre est un grillage doré qui retient prisonnier des cacatoès aux mille couleurs, des bateaux dont les voiles sont des timbres-postes, des sultanes qui ont des paradis sur la tête pour montrer qu'elles sont très riches.

MAX JACOB (1876-1944)

Des livres, des livres, des livres ! Ce n'était pas que je lisais tellement. Je lisais et relisais les mêmes.Mais chacun d'eux était nécessaire pour moi, leur présence, leur odeur, les lettres de leurs titres et le grain de leurs reliures en cuir.

COLETTE (1873-1954)

"EN ÉTUDIANT LE TALMUD"

Petit volume, je ne m'oppose pas à ton bonheur : tu iras à Rome sans moi, à Rome, hélas ! où ne peut aller ton père. Pars, mais sans ornement ; infortuné, garde la livrée du malheur.

OVIDE (43 AV. J.-C. - 18 APR J.-C.) en exil

Les livres sont une forme d'immortalité ; les paroles de personnes dont les corps ne sont plus que des cendres vivent toujours dans leurs livres... et c'est dans les livres que sont racontées les vies de toutes les grandes existences.

WILFRED PETERSON, "L'art de vivre chaque jour"

On trouve dans les livres le condensé de toutes les expériences humaines. Nous pouvons les lire ou les négliger comme nous voulons, mais si nous les lisons, nous pourrons partager le courage et l'endurance des aventuriers, les pensées des sages, la vision des poètes, les ravissements des amoureux, et - peut-être aussi, pour quelques uns d'entre nous - les extases des saints.

SIR BASIL BLACKWELL

En vieillissant, notre capacité de jugement se
développe; une de mes joies est d'avoir mon esprit
envahi par un bon livre au point d'oublier tout le reste.
Il n'y a rien de meilleur que de hocher la tête pendant
sa lecture, que de s'endormir brusquement puis d'être
réveillé par le bruit du livre qui tombe par terre
et de se dire, bon, ce n'est pas très grave.
Quelle sensation merveilleuse.
A.J.P. TAYLOR,
interviewé pour l'"Evening Standard"

Il n'y a aucun livre qui vaille la peine d'être lu
à 10 ans, s'il n'en vaut pas autant la peine
(et souvent beaucoup plus) à 50 ans et au-delà.
CARL LEWIS (1898-1963)

Dis-moi ce que tu lis, je te dirai qui tu es."
Il est vrai, mais je te connaîtrai mieux
si tu me dis qui tu relis.
FRANÇOIS MAURIAC (1885-1970)

"UNE VISITE" PAR CARL SPITZWEG.

"LA MISE AU FEU DES LIVRES"

Nous savons tous que les livres peuvent brûler et pourtant nous savons aussi que les livres ne peuvent pas être tués par le feu ! Les gens meurent mais les livres ne meurent jamais. Personne, aucune puissance ne peut abolir la mémoire… Dans cette guerre, nous le savons, les livres sont des armes.
FRANKLIN D. ROOSEVELT (1882-1945)

La censure est la plus jeune de deux soeurs très laides : l'autre s'appelle l'Inquisition.
LOUIS BORNE

Chaque fois qu'on brûle des livres, on brûlera aussi, à la fin, des êtres humains.
HEINRICH HEINE (1797-1856)

Les livres que le monde appelle immoraux sont ceux qui lui montrent sa honte.
OSCAR WILDE (1854-1900)

Et quand tu m'auras lu, jette ce livre et sors (…)
Que mon livre t'enseigne à t'intéresser plus à toi
qu'à lui-même, puis à tout le reste plus qu'à toi.
ANDRÉ GIDE (1863-1951) "Les nourritures terrestres"

De tout ce qui est écrit, je n'aime que ce qu'un homme
écrit avec son sang.
FRÉDÉRIC NIETZSCHE (1844-1900) "Ainsi parlait Zarathoustra"

Si je lis un livre qui m'impressionne, je dois me
reprendre sérieusement en main avant de rencontrer
d'autres personnes, sinon elles vont croire que j'ai
l'esprit un peu dérangé.
ANNE FRANK (1929-1945)

Il est très difficile pour un homme qui est tombé
amoureux de Rosalinde ou d'Héloïse, d'Emma ou de la
duchesse de Malfi, de se mettre avec quelqu'un de bien
vivant. Et où une femme pourrait-elle trouver
un Lancelot du Lac ?
MAYA V. PATEL

"LECTURE L'APRES-MIDI" PAR PAUL FISHER

Mes meilleurs amis sont tous morts il y a cent ans ou plus : Julien Sorel, Juliette, Rodrigue, Don Quichotte, Cosette, Augustin Meaulnes, Esméralda…
Chers amis, je ne peux croire que jamais nous nous ne sommes rencontrés.
LUCILLE MARLIER

L'écriture est la peinture de la voix.
VOLTAIRE (1694-1778)

La première fois que j'ai lu un très bon livre, il me sembla que c'était comme si j'avais rencontré un nouvel ami ; quand j'ai lu un livre que j'ai déjà parcouru c'est comme si je retrouvais un vieil ami.
OLIVIER GOLDSMITH (1728-1774)

Il est bon de lire entre les lignes,
cela fatigue moins les yeux.
SACHA GUITRY (1885-1957)